AF358336

Vente des 4, 5 et 6 Avril 1876

ET JOURS SUIVANTS S'IL Y A LIEU

MOBILIER

BRONZES, TABLEAUX

Faïences, Porcelaines, Objets d'art, Curiosités

LIVRES

BELLE ET TRÈS-CURIEUSE GALERIE

Historique, généalogique et chronologique

Peinte par HÉLARD, sous Louis XIV

DÉPENDANT

DU CHATEAU D'ÉTOGES (MARNE)

Mᵉ MORANT	**Mᵉ J. BOULLAND**
NOTAIRE	COMMISᵣᵉ-PRISEUR
à Congy (Marne)	rue N.-des-Petits-Champs, 26

PARIS — 1876

V^{ᵉˢ} RENOU, MAULDE et COCK

IMPRIMEURS DE LA COMPAGNIE DES COMMISSAIRES-PRISEURS

Ruc de Rivoli, 144

Gare de Strasbourg

(Billets d'aller et Retour.)

pour Epernay

Train de 8h.25 du matin

arrivée Epernay. à 11h.10.

prendre voiture Chez Louis Jeune
(qui l'hôtel à la Poste)

Etoges-

. Arrivée à Etoges vers les 2h

départ Etoges à 3h.1/2.

pour train d'Epernay 6h.1/4

arrivée à Paris vers les 9h.1/2 à 10h.

CATALOGUE

DU

NOMBREUX MOBILIER

Garnissant le

CHATEAU D'ETOGES

(MARNE)

BRONZES DU TEMPS DE LOUIS XV ET LOUIS XVI

BEAUX BUSTES EN BRONZE

Anciennes Porcelaines de la Chine, du Japon, de Saxe et de Sèvres

ANCIENNES FAIENCES ITALIENNES ET AUTRES

MEUBLES DE TOUS GENRES

Des époques Louis XIV, Louis XV et Louis XVI

TABLEAUX, GOUACHES, DESSINS, GRAVURES

TRÈS-BELLE ET TRÈS-CURIEUSE GALERIE

Historique, chronologique et généalogique

VITRAUX DES XVI⁰ ET XVII⁰ SIÈCLE

1,200 Volumes environ d'Ouvrages divers

DONT LA VENTE AURA LIEU

AU CHATEAU D'ÉTOGES (MARNE)

Les Mardi 4, Mercredi 5 et Jeudi 6 Avril 1876, à midi

ET JOURS SUIVANTS S'IL Y A LIEU

Par le ministère de Me **MORANT**, notaire à Congy,

Assisté de Me **J. BOULLAND**, Commissaire-Priseur, à Paris

y demeurant, rue Neuve-des-Petits-Champs, n⁰ 26.

PARIS — 1876

CONDITIONS DE LA VENTE

Elle sera faite au comptant.
Les Acquéreurs paieront DIX POUR CENT, en sus des enchères.

ORDRE DES VACATIONS

Le Mardi 4 Avril

Les Porcelaines et Faïences, les Bronzes, les Meubles d'art, les Vitraux, la Galerie historique et les Tableaux.

Le Mercredi 5 Avril

Continuation des Tableaux s'il y a lieu, les Livres et commencement des Meubles.

Le Jeudi 6 Avril et jours suivants

Les Ustensiles de cuisine, la Literie, continuation des Meubles et tout le surplus du mobilier.

NOTA. — Étoges est à 24 kilomètres d'Épernay et à 12 kilomètres des stations des Vertus et Colligny (ligne de Romilly).

Les Amateurs pourront, sur leur demande, visiter le Lundi 3 Avril.

AVIS

A VENDRE A L'AMIABLE

LE BEAU CHATEAU D'ÉTOGES

BATI SOUS LOUIS XIII

Entouré de Fossés, Cours, Tourelles, grande Galerie
Chapelle, environ 20 Appartements, très-beau Parc anglais, Eaux vives
Bassin, Potager, etc., etc.

S'adresser à M⁰ MORANT, notaire

DÉSIGNATION DES OBJETS

MEUBLES

I. — Epoque Louis XIV

1 — Une grande et belle Commode de forme bombée en bois de placage satiné, à trois tiroirs, avec très-riches ornements en cuivre ciselé et doré, dessus de marbre.

2 — Une autre Commode en bois de rose satiné garni de bronzes; dessus de marbre.

3 — Une autre Commode en bois de placage avec ornements de cuivre doré; dessus de marbre.

4 — Un grand Buffet en bois peint, à panneaux sculptés, avec dessus de marbre.

II. — Epoque Louis XV

5 — Un Bois de lit à dossier garni.

6 — Une petite Commode à deux tiroirs en noyer avec cuivres et dessus de marbre.

7 — Une autre petite Commode également en noyer avec cuivre et dessus de marbre.

8 — Un Secrétaire dos d'âne bois de rose.

9 — Un Lit de repos ou Chaise longue foncée de canne à deux dossiers.

III. — Epoque Louis XVI

10 — Un très-beau Secrétaire en acajou avec moulures et cannelures et garni de cuivre doré.

11 — Un Secrétaire et une Commode en acajou avec moulures et cannelures et également garnis de cuivres dorés; marbres bleu turquin. Ces deux Meubles portent la signature de Gamichon à Paris.

12 — Une Commode à deux tiroirs en palissandre et bois de rose avec chutes sur les côtés ; le milieu forme trois panneaux encadrés de moulures de cuivre doré.

13 — Un petit Lit avec dossier et coussin en soie ancienne et deux Chaises semblables.

14 — Une grande Console en acajou avec tablettes d'entre-jambe à pieds cannelés; le tout garni de bronzes; dessus de marbre; à tiroir.

15 — Deux autres Consoles semblables à la précédente, mais plus petites; à tiroirs.

16 — Une Toupie hollandaise en acajou à pieds cannelés, renfermant plusieurs autres jeux.

17 — Une Jardinière en acajou avec moulures à perles et dessus à galerie.

18 — Grande quantité d'anciens Bois de chaises, fauteuils et canapés du temps de Louis XIV, Louis XV et Louis XVI.

Très-nombreux Meubles courants, Couchettes, Commodes, Secrétaires, Tables, Fauteuils, Chaises, Canapés, Meubles de salon en bois peint, couverts en tapisserie à la main, velours d'Utrecht et cretonne.

Billard et accessoires.

Piano droit en acajou.

Nombreuse Literie de maître et de domestique.

BRONZES

19 — Un grand et beau Buste d'après l'antique : Figure d'Antinoüs.

20 — Un autre beau Buste représentant Socrate (Époque Louis XIV.

21 — Un grand et beau Cartel rocaille du temps de Louis XV, représentant Diane assise sous un arbre avec figures d'amours et de chiens ; le tout en bronze ciselé et doré de J.-B. Baillon.

22 — Une Pendule du temps de Louis XVI, de marbre blanc à colonnes cannelées avec ornements en bronze finement ciselé et doré, guirlandes de fleurs, rinceaux et figures d'amours. Cadran émaillé du nom de Thiery à Paris.

23 — Deux Candélabres du temps de Louis XVI, composés de deux statuettes de femmes portant un bouquet de lis formant trois lumières en bronze doré, sur socle en marbre blanc.

24 — Une paire de Chenets même époque, à boules pommes de pin et pieds cannelure torse, avec frise d'enfants et têtes de mascarons.

25 — Deux petits Candélabres à trois lumières en bronze
doré, tenus dans un vase de marbre; époque
Louis XVI.

26 — Une grande Lanterne d'escalier de la même époque

26 *bis* — Une Pendule moderne, socle en marbre noir;
sujet en bronze florentin, et Candélabres.

27 — Grande quantité d'autres Bronzes, Pendules, Candélabres, Feux, Chenets, Flambeaux, etc., etc.

PORCELAINES, FAIENCES
CURIOSITÉS

28 — Trois grandes et belles Potiches à couvercles en
ancienne porcelaine du Japon, décor bleu, rouge
et or.

29 — Un Plateau ménagère en ancienne porcelaine du Japon, contenant 6 pièces.

30 — Deux Bols en même porcelaine à couvercles et plateaux.

31 — Un petit Service à thé en ancienne porcelaine de
Chine, demi-coquille d'œuf; décor en émaux de
couleur, d'ustensiles chinois et fleurs.

32 — Deux Plats ovales en ancienne porcelaine de Saxe,
avec ornements gaufrés; décors de fleurs, camaïeu violet.

33 — Un Plateau à fleurs, une Tasse et une Soucoupe en
vieux Sèvres, pâte tendre.

34 — Trois Jardinières bordures dorées; en vieux Sèvres.

35 — Deux Jardinières carrées à fleurettes et bords dorés; en ancienne porcelaine de Saxe.

36 — Bols, Tasses, Cache-pots, Théière, Pots à crème, en ancienne porcelaine de Sèvres et de Saxe.

37 — Plateaux, Bols, Tasses, Assiettes en ancienne porcelaine de Chine et du Japon, Coupes montées et Plateaux en céladon.

38 — Cinq Plaques rondes en ancienne faïence de Castelli, représentant des paysages, figures et architectures, signées Gentilly.

39 — Deux autres plus petites, paysages et figures. Même fabrique.

40 — Deux grandes Plaques carrées, sujet de mythologie et d'architecture. Même fabrique.

41 — Trois autres Plaques carrées, architecture, paysage et marine. Même fabrique.

42 — Deux Jardinières en ancienne faïence de Strasbourg.

42 *bis* — Pièces en faïence de Rouen, terre de Boccaro et marbre tendre.

43 — Figures, Groupes, Vases en biscuit de Niderviller.

44 — Figures, Groupes et Figurines en terre cuite de Graillon.

Tous les numéros ci-dessus seront divisés.

45 — Une Harpe ornée de peintures et sculptures, genre vernis Martin, du nom de Simonin à Paris.

46 — Une grande Vasque en marbre du temps de Louis XV.

47 — Petite Collection de Vitraux des xvie et xviie siècle. Ce lot sera divisé.

47 *bis* — Quatre Consoles en acajou ; dessus de marbre mosaïque de Florence et de dessins variés.

Pourront être vendus séparément.

Marbres de Commodes et Secrétaires, Statues en plâtre et composition, Velours de Gênes, grande quantité d'autres objets.

Services de porcelaine, Verres de Venise, etc., etc.

TABLEAUX

VAN EYCK (École de), de Bruges

48 — Quatre très-curieuses Peintures d'une belle conservation, sur panneaux de bois. Allégorie historique avec nombreuses figures.

ÉCOLE GOTHIQUE FLAMANDE

49 — Quatre autres Peintures sur panneaux représentant les quatre Évangélistes Également très-curieuses et en parfait état.

PIOMBO (Attribué à Sébastien del)

50 — Deux grandes et belles Peintures sur bois pouvant
faire pendants et représentant des épisodes de la
vie de la Vierge. L'une : la Visitation; l'autre,
la Prière.

> Elles sont d'un grand caractère et du plus bel effet.

———

Les peintures ci-dessus décrites sont réunies dans deux grands
cadres de même dimension, pouvant se mettre dos à dos.

L'un de ces cadres est occupé en son milieu par la Visitation, et
aux angles par les quatre panneaux attribués à van Eyck.

L'autre est occupé en son milieu par la Prière, et aux angles par
les quatre Évangélistes.

Le panneau du milieu, de chaque côté, supporte deux médaillons
du Christ et de la Vierge. Bas-relief sur fond d'or.

Ces tableaux pourront être vendus séparément.

ANCIENNE ÉCOLE FLAMANDE

51 — Douze Peintures sur panneaux : sujets historiques
et bibliques. Pourra être divisé.

52 — Un Fumeur.

53 — La Lecture.

54 — Diane et ses Nymphes se livrant au sommeil.

VIEILLE ÉCOLE ALLEMANDE

55 — Le Repas bachique.

56 — Figures allégoriques : Sacrifice d'Abraham.

ÉCOLE ITALIENNE

57 — Deux Panneaux peints sur fond d'or : Buste de
l'Ange et Vierge.

58 — Deux autres Panneaux : Tête de Vierge, Enfant et
Vieillard.

CHARDIN (École de)

59 — Deux Natures mortes : Ustensiles de cuisine.

DESPORTES (Manière de)

60 — Un grand Tableau décoratif (Attributs de chasse).
Peinture sur camaïeu bleu.

KESSEL (Van)

61 — Deux Études de Volatiles. Peintures sur bois
formant pendants.

PETER NEEFS (Le vieux)

62 — Une Peinture sur toile : Intérieur d'église.

PATEL

63 — Un Paysage avec cours d'eau.

SAUVAGE (Attribué à)

64 — Huit petites Peintures (grisaille) représentant des
scènes d'enfants. Allégories des Arts libéraux.
65 — Deux Tableaux : Paysages (formant pendants).

ÉCOLE FRANÇAISE (XVIIIᵉ siècle)

66 — Quatre Dessus de porte peints en grisaille, représentant les quatre Saisons.
67 — Quatre autres Dessus de porte : Paysages, Figures
et Animaux. Camaïeu bleu.

NOEL (Par)

68 — Deux Gouaches : Marine (formant pendants).
69 — Deux autres Gouaches (Paysages et Figures) formant
également pendants.

---

70 — Une Peinture fixée sous verre : Gibier mort.
71 — Nombreuse réunion de diverses Toiles, Peintures,
Gravures, Dessins, etc., etc.

LIVRES

Cérémonies et Coutumes religieuses, de Bernard Picard.
— Palais anciens et modernes de Durand. — Plan de Paris,
de Turgot. — Galerie historique, de Landon. — Saint-
Simon. — Traité sur l'architecture, Rondelet-Perronnet. —
Traité des champignons de Paulet. — Revue des Deux-Mon-
des de 1862 à 1871. — Dix-sept Volumes de l'Illustration.

1,200 Volumes Ouvrages divers : Science, Littérature et Histoire.

GALERIE

HISTORIQUE, GÉNÉALOGIQUE ET CHRONOLOGIQUE

DU CHATEAU D'ÉTOGES

PEINTE PAR HÉLARD, SOUS LOUIS XIV

Cette galerie est composée de 172 peintures sur panneaux de bois.

Elle représente les personnages les plus illustres de l'Histoire de France, depuis Clovis jusqu'à Louis XIV, ayant chacun en regard le portrait du plus illustre contemporain étranger.

Chaque panneau, à portrait entouré d'un encadrement à dessins variés en camaïeu bleu, avec armoiries, est flanqué de trois petits médaillons ovales représentant également des personnages historiques de diverses époques.

Au-dessus et au-dessous de chacun de ces panneaux se trouvent deux autres panneaux ayant la même disposition, avec inscriptions, devises et armoiries, flanqués également de trois portraits ovales, figurant aussi des personnages de toute nation et de toute époque.

Cette galerie est surmontée de grands arbres généalogiques donnant les noms des familles de la noblesse française et de leurs descendants, avec blasons, devises, inscriptions, armoiries.

Cette œuvre remarquable, très-curieuse et en parfait état de conservation, a été faite par Hélard, peintre de Louis XIV.

Elle est suivie d'une autre galerie plus petite, attribuée au même peintre, représentant un grand nombre de cardinaux, évêques, archevêques, saints, saintes et personnages religieux ayant vécu à la même époque.

GRANDS CORPS DE BIBLIOTHÈQUE.

Ustensiles de jardin, Vases, Plantes, Fleurs, Arbustes, Voiture, Harnais, Faucheuse

Casse-Mottes, grande quantité d'Objets divers et variés

Vᵉᵉ Renou, Maulde et Cock, imprˢ de la Compagnie de Commissaires-Priseurs
rue de Rivoli, 144.   63466